Libro de
de cannabis

GW01425164

50 PLATOS PRINCIPALES DE MAR

Recetas saludables

Adrian Melis

Reservados todos los derechos.

Descargo de responsabilidad

Sommario

PLATO PRINCIPAL DE MAR.................................6

Atún a la parrilla con costra de macadamia.............7

Salmón a la parrilla con marihuana...........................10

Salmón De Arce De Marihuana.................................13

Samosas sativas de Obama..16

Salmón al horno con marihuana................................20

Tacos de pescado..23

Tilapia al horno con marihuana................................26

SANDWICH PRINCIPAL Y HAMBURGUESAS...........29

Sándwich de pizza al horno con marihuana.............30

Sándwiches de marihuana Sloppy Joe.......................33

Sándwiches de carne suelta de marihuana..............36

Sándwich Reuben de marihuana 38

Sándwiches de carne asada con marihuana.............40

PLATO PRINCIPAL-PASTA.......................................42

Pasta de pollo con albahaca cremosa y marihuana 43

Pasta de camarones a la plancha con marihuana,
ajo, albahaca 46

Berenjena Alfredo grande y fácil.............................49

Macarrones con queso ahumado de Ganja Granny .52

Pasta rasta roja, verde y dorada.............................55

Salsa para pasta Alfredo con marihuana...............58

Espaguetis de marihuana................................60

Pesto de tomate seco y cilantro....................61

Pasta de albahaca con tomate y marihuana...........63

PLATO PRINCIPAL-OTROS..............................65

Chile de cannabis de Texas.........................66

Cazuela de brócoli con champiñones.................69

Calabaza butternut rellena en círculo om..............72

Chile Con Carne De Marihuana.....................75

Pastel De Carne De Marihuana.....................78

Espinaca de marihuana..............................80

Calabaza Salteada con Marihuana..................81

Dip de pimiento y alcachofa........................84

Ensalada César de Marihuana.......................87

Chile de marihuana.................................90

Canna Olivada......................................92

Relleno de pavo con marihuana.....................94

Hongos Rellenos De Cangrejo De Marihuana...........95

Bolas de mantequilla fritas con marihuana..............98

Pastel de pollo con marihuana.....................101

Puré de papas con marihuana......................105

Pizza medicada....................................108

Cazuela De Marihuana Hash Brown 111

Pilaf de arroz al curry de cannabis con guisantes

....114

Pollo en bandeja frotado con cannabis y pimentón

....117

Gumbo de pollo y ganja de Andouille.....................120

Tamales de distorsión del tiempo.............................126

Ñoquis de patata con ragú de setas.......................131

Spanakopita psicodélico 135

Pastel de diésel agrio...138

Pollo frito con cheeto...141

Solomillo de cerdo envuelto en tocino.....................144

Solomillo de ternera relleno de panceta con

champiñones de oporto...146

PLATO PRINCIPAL DE MAR

Atún a la parrilla con costra de macadamia

Ingredientes
- 2 tazas de papaya picada
- 1/2 cebolla morada, cortada en cubitos
- pimiento rojo, cortado en cubitos
- 1/4 taza de cilantro fresco picado
- cucharadas de jugo de lima
- 1 diente de ajo picado
- 1/4 cucharadita de pasta de chile picante, o al gusto
- 4 (6 onzas) filetes de atún 1/4 taza de aceite de THC sal y pimienta al gusto
- 3 huevos
- 1/2 taza de nueces de macadamia picadas

Direcciones
1. Combine la papaya, la cebolla y el pimiento rojo en un tazón. Agrega el cilantro, el jugo de limón, el ajo y la pasta de chile caliente. Mezcle para combinar, luego refrigere hasta que esté listo para servir.
2. Precaliente una parrilla al aire libre a fuego alto y engrase ligeramente la parrilla.
3. Unte los filetes de atún con aceite de oliva, luego sazone con sal y pimienta. Batir los huevos en un tazón poco profundo hasta que estén suaves. Sumerja los filetes de atún en

el huevo y deje que se escurra el exceso de huevo.

4. Presiona las nueces de macadamia.

5. Cocine los filetes de atún en la parrilla precalentada hasta el grado deseado de cocción, aproximadamente 2 minutos por lado para un nivel medio. Sirve con la salsa de papaya.

Salmón a la parrilla con marihuana

Ingredientes
- 1 1/2 libras de filetes de salmón limón pimienta al gusto ajo en polvo al gusto sal al gusto
- 1/3 taza de salsa de soja
- 1/3 taza de azúcar morena
- 1/3 taza de agua
- 1/4 taza de aceite de THC

Direcciones
1. Sazone los filetes de salmón con limón, pimienta, ajo en polvo y sal.
2. En un tazón pequeño, mezcle la salsa de soja, el azúcar morena, el agua y el aceite vegetal hasta que el azúcar se disuelva. Coloque el pescado en una bolsa de plástico grande con cierre con la mezcla de salsa de soja, selle y dé vuelta para cubrir. Refrigere por al menos 2 horas.
3. Precalienta la parrilla a medio fuego.
4. Engrase ligeramente la rejilla de la parrilla. Coloque el salmón en la parrilla precalentada y deseche la marinada. Cocine el salmón de 6 a 8 minutos por lado o hasta que el pescado se desmenuce fácilmente con un tenedor.

Salmón De Arce De Marihuana

Ingredientes
- 1/4 taza de jarabe de arce
- 2 cucharadas de salsa de soja
- 1 diente de ajo picado
- 1/4 cucharadita de sal de ajo
- 1/8 cucharadita de pimienta negra molida
- libra de salmón
- cucharadas de mantequilla de marihuana

Direcciones
1. En un tazón pequeño, mezcle el jarabe de arce, la salsa de soja, el ajo, la sal de ajo y la pimienta.
2. Coloque el salmón en una fuente para hornear de vidrio poco profunda y cubra con la mezcla de jarabe de arce. Cubra el plato y marine el salmón en el refrigerador durante 30 minutos, volteándolo una vez.
3. Precaliente el horno a 400 grados F (200 grados C).
4. Coloque la fuente para hornear en el horno precalentado y hornee el salmón sin tapar durante 20 minutos o hasta que se desmenuce fácilmente con un tenedor.

5. Derrita la mantequilla de marihuana sobre el salmón una vez que haya terminado de cocinarse.

Samosas sativas de Obama

PIEDRAS 6

PURÉE DE MANGO
- 1 mango maduro, sin hueso y sin piel, picado

SAMOSAS
- Un paquete de hojaldre congelado de 16 onzas
- Jugo de 1 lima pequeña
- Un filete de tilapia de 12 onzas
- 2 cucharaditas de curry en polvo, y más al gusto
- 1 cucharadita de jengibre en polvo

SUKUMA WIKI
- 2 tazas de col rizada picada, al vapor
- 1 taza de tomate cortado en cubitos
- 2 cucharaditas de cebolla verde finamente picada

SALSA DE MANGO
- 4 cucharadas de Cannabutter simple
- 2 cucharadas de harina
- 1 taza de leche de coco
- 2 cucharaditas de cilantro finamente picado

1. Para hacer el puré de mango, ponga el mango y ½ taza de agua en una licuadora o procesador de

alimentos y licue hasta que quede suave. Dejar de lado.

2. Para hacer las samosas, descongele el hojaldre según las instrucciones del paquete.

Dejar de lado.

3. Precaliente el horno a 350 ° F.

4. Vierta la mitad del jugo de limón sobre el filete de tilapia. Frótalo con el curry y el jengibre. Hornee en el horno precalentado durante 25 minutos, o cocine a la parrilla sobre brasas calientes durante 2 a

3 minutos por lado, hasta que el pescado esté tierno y escamoso. (Si hornea en el horno, déjelo encendido). Córtelo en trozos pequeños y reserve.

5. Para hacer el sukuma wiki, saltee la col rizada con los tomates y la cebolla verde en una cacerola a fuego medio hasta que se ablanden. Enfríe y exprima el exceso de líquido.

6. Para hacer la salsa de mango, caliente la cannabutter a fuego lento en una cacerola hasta que se derrita. Reserva 2 cucharadas de cannabutter derretida para untar la masa. Agregue harina a las 2 cucharadas de mantequilla restantes en la sartén y bata a fuego lento hasta que desaparezcan los grumos. Agrega la leche de coco, $\frac{1}{4}$ de taza de puré de mango, el jugo de limón restante, el cilantro y el curry en polvo al gusto. Revuelva hasta que la salsa espese.

7. Para armar las samosas, corte el hojaldre en cuadrados de 3 pulgadas. Coloque una cucharada

colmada de cada uno de los sukuma wiki y el
pescado en los cuadrados de hojaldre, y luego
dóblelos en triángulos, sellando los bordes con agua
y presionando con un tenedor antes de cepillar los
pasteles con la cannabutter reservada. Hornee
hasta que estén doradas, aproximadamente de 15 a
20 minutos.

Salmón al horno con marihuana

Ingredientes:
- 1 filete de salmón descongelado, 1 libra
- 8 gramos de cannabis
- 2 dientes de ajo picados
- 1 cebolla grande picada
- 1 cucharadita de pimienta
- 1 tomate, en rodajas finas
- 3 cucharadas de pan rallado seco
- 1 cucharada de aceite vegetal (Opcional: reemplácelo con aceite de oliva de cannabis)

Direcciones:
1. Tritura el cannabis con un molinillo de café hasta que se convierta en un polvo fino. Mezclar con el pan rallado seco y reservar. Rocíe una bandeja para hornear poco profunda con una capa antiadherente.
2. Coloque el pescado en el molde para hornear y espolvoree con orégano, ajo y pimienta.
3. Cubra con rodajas de tomate y cebolla. Mezclar el pan rallado con aceite y poner una capa encima del pescado.

4. Hornee a 350 grados durante unos 12 a 15 minutos o hasta que el pescado se desmenuce fácilmente. 4 porciones.

Tacos de pescado

Ingredientes
- 2 libras de filetes de tilapia
- 2 cucharadas de jugo de lima
- 2 cucharaditas de sal
- 1 cucharadita de pimienta negra molida
- cucharadita de ajo en polvo 1 cucharadita de pimentón en aerosol para cocinar
- cucharadas de mantequilla de marihuana
- 1/2 taza de yogur natural sin grasa
- 2 cucharadas de jugo de lima
- 1 1/2 cucharadas de cilantro fresco picado
- 1 1/2 cucharaditas de chiles chipotle enlatados en salsa adobo
- 16 tortillas de maíz (5 pulgadas)
- 2 tazas de repollo rallado
- 1 taza de queso Monterey Jack rallado
- 1 tomate picado
- aguacate - pelado, sin hueso y en rodajas
- 1/2 taza de salsa
- cebollas verdes, picadas

Direcciones
1. Frote los filetes de tilapia con 2 cucharadas de jugo de limón y sazone con

sal, pimienta negra, ajo en polvo y pimentón.
2. Rocíe ambos lados de cada filete con aceite en aerosol.
3. Precaliente la parrilla a fuego medio.

Tilapia al horno con marihuana

Ingredientes
- 4 (4 onzas) filetes de tilapia
- 2 cucharaditas de mantequilla de marihuana
- 1/4 cucharadita de Old Bay Seasoning TM, o al gusto
- 1/2 cucharadita de sal de ajo o al gusto
- 1 limón en rodajas
- 1 paquete (16 onzas) de coliflor congelada con brócoli y pimiento rojo

Direcciones
1. Precaliente el horno a 375 grados F (190 grados F). Engrase una fuente para hornear de 9x13 pulgadas.
2. Coloque los filetes de tilapia en el fondo de la fuente para hornear y salpique con mantequilla de marihuana.
3. Sazone con el condimento Old Bay y la sal de ajo. Cubra cada uno con una rodaja o dos de limón. Coloque las verduras mixtas congeladas alrededor del pescado y sazone ligeramente con sal y pimienta.
4. Cubra el plato y hornee durante 25 a 30 minutos en el horno precalentado, hasta que las verduras estén tiernas y el

pescado se desmenuce fácilmente con un tenedor.

SANDWICH PRINCIPAL Y HAMBURGUESAS

Sándwich de pizza al horno con marihuana

Ingredientes:

- 1 libra de carne molida magra
- 15 oz de salsa de tomate; 1 lata O 15 oz de salsa para pizza; 1 lata
- 1 cucharada de hojas de orégano
- 1 taza de mezcla para hornear galletas
- 1 cada huevo; Grande
- 2/3 taza de leche de marihuana
- 8 oz de queso
- 2 oz de champiñones; rebanados, escurridos, 1Cn
- 1/4 taza de queso parmesano; Rallado

Preparación:

1. el horno a 400 grados F.
2. Cocine y revuelva la carne en una sartén grande hasta que se dore. Escurre el exceso de grasa. Agregue la mitad de la salsa de tomate y las hojas de orégano a la mezcla de carne.
3. Caliente hasta que hierva, luego reduzca el fuego y cocine a fuego lento, sin tapar, durante 10 minutos. Mientras la mezcla de carne hierve a fuego lento, mezcle la mezcla para hornear, el huevo y la leche de marihuana. Mide 3/4 de taza de la

masa y reserva. Extienda la masa restante en un molde para hornear engrasado de 9 X 9 X 2 pulgadas.

4. Vierta la salsa de tomate restante sobre la masa, esparciendo uniformemente.

5. Coloque 4 rebanadas de queso, la mezcla de carne, los champiñones y el queso restante encima de la masa y la salsa de tomate. Coloque la masa reservada sobre el queso.

6. Espolvoree la parte superior de la masa con el queso parmesano rallado y hornee, sin tapar, hasta que esté dorado, de 20 a 25 minutos.

7. Deje enfriar durante 5 minutos antes de cortar en cuadritos y servir.

Sándwiches de marihuana Sloppy Joe

Ingredientes:
- 2/3 taza de aceite de oliva con infusión de cannabis
- 1 1/3 taza de salsa de tomate
- 1/2 taza de agua
- 1/4 taza de azúcar blanca
- 1 cucharada de azúcar morena
- 1 cucharada de vinagre de vino tinto
- 1 cucharada de mostaza amarilla preparada
- 1 cucharadita de sal
- 1/4 cucharadita de pimienta negra molida
- 1/4 cucharadita de pimentón
- 2 libras de carne molida
- 2 cucharaditas de cebolla picada
- 2 cucharadas de bollos de hamburguesa con salsa de soja

Direcciones:
1. Mezcle la salsa de tomate, el agua, el aceite de oliva con infusión de cannabis, el azúcar blanco, el azúcar morena, el vinagre, la mostaza, la sal, la pimienta y el pimentón en una cacerola grande a fuego lento.

2. No hierva, pero continúe manteniéndolo caliente. En una cacerola grande separada, cocine y revuelva la carne molida, la cebolla y la salsa de soja a fuego medio-alto hasta que la carne esté dorada y completamente cocida.
3. Escurre la grasa de la carne. Agregue la carne a la salsa tibia y caliente a fuego lento durante diez minutos.
4. ¡Sirve en bollos tostados y disfruta con tus ingredientes favoritos!

Sándwiches de carne suelta de marihuana

Ingredientes:
- 2 libras de carne molida
- 1 cucharadita de sal
- 1/2 cucharadita de pimienta negra molida
- 1 1/2 tazas de agua
- 1 cebolla picada
- 24 rodajas de pepinillos encurtidos con eneldo
- 4 onzas de mostaza preparada
- 8 bollos de hamburguesa
- 2 cucharadas de mantequilla de marihuana

Preparación:
1. En una sartén grande a fuego medio, cocine la carne molida hasta que se dore. Drenar. Regrese a la sartén con sal, pimienta y agua para cubrir. Reduzca el fuego a bajo y cocine a fuego lento, sin tapar, hasta que se acabe el agua, de 15 a 30 minutos.
2. Sirva la carne en panecillos cubiertos con cebolla picada, rodajas de pepinillo encurtido y mostaza.
3. Aplique mantequilla de marihuana como desee para hacer pan.

Sándwich Reuben de marihuana

Ingredientes:

- 2 rebanadas de pan de centeno
- cucharada de mantequilla de marihuana, ablandada
- onzas de carne en conserva finamente rebanada
- 2 onzas de chucrut
- 1 rebanada de queso mozzarella

Preparación:

1. Caliente una sartén mediana a fuego medio. Mantequilla el pan por un lado. Coloque una rebanada de pan, con la mantequilla hacia abajo, en la sartén.
2. Coloque una capa de carne en conserva, chucrut y mozzarella sobre el pan.
3. Cubra con la rebanada de pan restante.
4. Cocine, dando vuelta una vez, hasta que el pan se dore, el sándwich esté completamente caliente y el queso se derrita.
5. Servir inmediatamente.

Sándwiches de carne asada con marihuana

Ingredientes:
- 3 libras de carne de res
- 2 cebollas picadas
- 1 lata (28 onzas) de tomates cortados en cubitos, con jugo
- 1/2 taza de vinagre blanco destilado
- 1/2 taza de agua
- 3 cucharadas de azucar
- 1/3 (10 onzas líquidas) botella de salsa Worcestershire sal y pimienta al gusto 2 cucharadas de mantequilla de marihuana

Preparación:
1. Coloque el asado en un horno holandés y espolvoree con cebollas picadas. Cubrir con tomates, agua, azúcar y salsa Worcestershire. Condimentar con sal y pimienta.
2. Cocine a fuego medio con la tapa entreabierta durante 3 horas.
3. Retirar la carne y triturar con 2 tenedores. Deseche los huesos, la grasa y el cartílago. vuelva a colocar la carne desmenuzada en la salsa y cocine hasta que el líquido se reduzca, de 15 a 20 minutos.

4. Aplique mantequilla de marihuana como desee

PLATO PRINCIPAL-PASTA

Pasta de pollo con albahaca cremosa y marihuana

Ingredientes:
- 1 libra de fideos campanelle o gemelli
- 1 libra (aproximadamente 2 grandes) de pechugas de pollo deshuesadas y sin piel, en cubos
- $\frac{1}{2}$ taza de pan rallado
- $\frac{1}{4}$ de taza de aceite de marihuana
- 6-8 dientes de ajo, picados
- 3 tazas de caldo de pollo
- 1 1/2 tazas de crema espesa
- 1 cucharadita de sal
- 1/2 cucharadita de pimienta
- 2-3 tazas de queso Fontina finamente rallado
- 1 taza de albahaca fresca picada

Direcciones:
1. Hierva la pasta según las instrucciones del paquete. Escurrir (¡no enjuagar!) Y volver a colocar en la olla. Agregue aproximadamente una cucharada de aceite de oliva y luego cubra para mantener el calor.
2. Mientras la pasta está hirviendo, pique el pollo y colóquelo en una bolsa de almacenamiento con cierre de cremallera.

Agregue el pan rallado, agite y use sus manos para presionar las migas en el pollo hasta que esté completamente cubierto y la mayoría de las migas ya no estén sueltas.

3. Caliente el aceite de marihuana a fuego medio en una sartén grande. Agregue el pollo y revuelva ocasionalmente para que todos los lados se doren. Aproximadamente 7 minutos en agregue el ajo y mezcle. Trate de tirar esto en lugar de 'revolverlo', esto ayudará a que el pan rallado permanezca adherido al pollo. Cocine por unos 3 minutos más (verifique la pieza más grande para asegurarse de que esté lista) y retire el pollo de la sartén.

4. Si queda una tonelada de aceite en la sartén, vierta la mayor parte, si no, agregue caldo de pollo, crema, sal y pimienta. Deje hervir, luego agregue el queso, vuelva a hervir y cocine, batiendo ocasionalmente durante 5 minutos. Agregue la albahaca y hierva, batiendo ocasionalmente, durante otros 5 minutos. Vierta sobre la pasta y revuelva hasta que se combinen. Adorne con albahaca.

Pasta de camarones a la plancha con marihuana, ajo, albahaca

Ingredientes:
- 2 libras de camarones crudos sin cáscara.
- 10 tomates roma.
- 3 cucharadas de albahaca fresca.
- 6 dientes de ajo.
- 1/4 taza de aceite de marihuana.
- TBLS de jugo de limón.
- 2 cucharadas de perejil fresco.
- 2 cucharadas de vino blanco.
- 1 cucharada de orégano fresco.
- 1 cucharadita de sal.
- 1 cucharadita de pimienta
- Pasta de cabello de ángel.

Direcciones:

Para camarones y adobo:
1. Picar finamente 3 dientes de ajo, 2 cucharadas de perejil fresco y 1 cucharada de orégano fresco y colocar en un tazón.
2. Agregue 3/4 de taza de aceite de oliva, jugo de limón, sal, pimienta y vino blanco.
3. Mezcla.
4. Agrega los camarones.
5. Deje marinar durante tres horas.

6. Ase a fuego medio bajo.

Salsa:

1. Picar los tomates roma, 3 dientes de ajo y albahaca.
2. Coloque los tomates picados, el ajo y la albahaca en una cacerola.
3. Agrega 1/2 taza de aceite de marihuana.
4. Agrega sal pimienta.
5. Cocine por 5 minutos mientras revuelve.
6. Combine: coloque la salsa sobre el cabello de ángel cocido y luego agregue los camarones a la parrilla.

Berenjena Alfredo grande y fácil

PIEDRAS 6
- 1 berenjena grande, cortada en rodajas de 1 pulgada de grosor
- 2 tazas de merlot
- 1 cucharada de champiñones finamente picados
- 1 diente de ajo finamente picado
- 1 cucharada de tomates secados al sol finamente picados
- $3\frac{1}{2}$ tazas más 2 cucharadas de aceite de THC
- 3 huevos
- $\frac{1}{2}$ taza de leche
- 1 clara de huevo
- 3 tazas de pan rallado
- $2\frac{1}{2}$ tazas de queso parmesano rallado
- 1 cucharadita de condimento italiano
- 1 libra de pasta penne
- 10 cucharadas ($1\frac{1}{4}$ barras) de mantequilla
- $1\frac{1}{2}$ tazas de crema espesa
- 1 cucharadita de nuez moscada molida
- 1 cucharadita de sal

1. Precaliente el horno a 250 ° F.
2. Remojar las rodajas de berenjena en merlot durante 1 hora.
3. Mientras tanto, mezcle los champiñones, el ajo, los tomates y 3 tazas de aceite de THC en una fuente de vidrio para hornear de 4 cuartos de

galón. Hornee por $1\frac{1}{2}$ horas, luego retire del horno y deje enfriar. Use una cuchara ranurada para quitar y desechar las verduras, reservando el aceite.

4. Cuando la berenjena esté lista para marinar, mezcle 2 huevos y la leche en una cacerola o tazón poco profundo. Este será tu huevo batido. En una segunda sartén o tazón, mezcle 1 huevo, 1 clara de huevo, el pan rallado, 2 tazas de parmesano y el condimento italiano para formar una masa. Sumerja las rodajas de berenjena en el huevo batido, luego drague la masa y reserve. Repite con las rodajas de berenjena restantes.

5. Ponga a hervir una olla grande de agua para la pasta.

6. En una sartén grande, caliente el aceite de marihuana reservado a fuego alto, luego fría las rodajas de berenjena hasta que estén doradas.

7. Cocine la pasta de acuerdo con las instrucciones del paquete y escurra, mezclándola con 2 cucharadas de aceite de THC.

8. Ahora está listo para hacer su salsa. En una sartén aparte, derrita la mantequilla con la $\frac{1}{2}$ taza de aceite THC restante, revolviendo constantemente. Batir lentamente la crema espesa en la mezcla. Agregue la $\frac{1}{2}$ taza restante de parmesano, la nuez moscada y la sal. Revuelva hasta que espese.

9. Sirva la salsa sobre la berenjena frita y la pasta fresca.

Macarrones con queso ahumado de Ganja Granny

- $\frac{1}{2}$ taza de Cannabutter simple fría más 1 cucharada sopera derretida
- $\frac{1}{2}$ taza (1 barra) de mantequilla sin sal
- 1 taza de harina
- 4 tazas de leche
- 2 cucharaditas de sal
- $\frac{1}{4}$ de cucharadita de pimienta de cayena
- 1 cucharadita de pimienta negra molida
- 1 libra de pasta penne, cocida
- 1 taza de queso mozzarella ahumado rallado
- 1 taza de queso cheddar rallado
- 1 taza de queso suizo o americano rallado
- $\frac{3}{4}$ taza de queso parmesano rallado
- $\frac{1}{4}$ de taza de pan rallado

1. Precaliente el horno a 350 ° F.
2. En una olla grande a fuego medio, derrita la cannabutter y la mantequilla. Agrega la harina y bate bien durante 3 a 5 minutos mientras la mezcla se cuece.
3. Mientras tanto, en una olla mediana a fuego alto, deje hervir la leche.
4. Agregue lentamente la leche caliente a la mezcla de mantequilla y harina, batiendo para incorporar bien. Agregue la sal, la pimienta de cayena y la pimienta negra y continúe cocinando hasta que la mezcla hierva. Retire del fuego, agregue la penne

cocida y los quesos, guardando $\frac{1}{4}$ de taza de queso parmesano para la cobertura.

5. Vierta la mezcla de penne en una fuente para hornear engrasada de 9 por 13 pulgadas. Combine el pan rallado con el queso parmesano restante y 1 cucharada de cannabutter derretida y espolvoree encima del bollo. Hornee de 30 a 40 minutos hasta que estén dorados y burbujeantes.

Pasta rasta roja, verde y dorada

PIEDRAS 6

- Paquete de 1 libra de pasta rotini de espinacas
- 1 cucharada de aceite de oliva, para mezclar
- 1 manojo (aproximadamente $\frac{1}{2}$ libra) de espárragos, picados en trozos de 3 pulgadas
- 1 taza de aceite de oliva THC
- $\frac{1}{2}$ taza de puerros picados
- 3 dientes de ajo picados
- 1 pimiento rojo grande, cortado en rodajas
- 1 pimiento amarillo grande, cortado en rodajas
- 1 taza de champiñones, en rodajas
- $\frac{1}{2}$ taza de tomates secos, picados
- $\frac{1}{4}$ taza de queso romano rallado
- $\frac{1}{4}$ taza de queso parmesano rallado
- $\frac{1}{4}$ taza de queso mozzarella rallado
- $\frac{1}{2}$ cucharadita de albahaca seca
- $\frac{1}{2}$ cucharadita de tomillo fresco
- $\frac{1}{2}$ cucharadita de orégano fresco
- Sal

1. Cocine la pasta rotini de acuerdo con las instrucciones del paquete, escurra, mezcle con aceite de oliva y reserve.
2. Cocine al vapor los espárragos en una vaporera de verduras sobre agua hirviendo hasta que estén

al dente (aproximadamente de 1 a 2 minutos) y reserve.

3. En una sartén grande a fuego medio, caliente $\frac{1}{2}$ taza de aceite de cannabis y saltee los puerros durante 8 minutos o hasta que estén dorados. Luego agregue el ajo y los pimientos y saltee por otros 5 minutos. Agrega los champiñones y sofríe hasta que suelten su jugo, unos 5 minutos. Retirar del fuego.

4. Mezcle las verduras salteadas con la pasta cocida en un tazón grande, agregue los espárragos al vapor, los tomates secados al sol, los quesos, las hierbas y la sal al gusto. Vierta la $\frac{1}{2}$ taza de aceite de oliva THC restante sobre la mezcla y revuelva para cubrir.

Salsa para pasta Alfredo con marihuana

Ingredientes:
- 1/2 barra (1/4 taza) de mantequilla canna
- 1 taza de crema espesa (use la receta de leche medicada sobre la crema para una salsa aún más potente) 2 dientes de ajo (picados)
- Orégano al gusto
- 1.5 taza de queso parmesano o gruyere recién rallado
- 1/4 taza de perejil recién picado

Direcciones:
1. Primero, derrita la mantequilla canna en una cacerola a fuego medio o bajo. Agregue la crema espesa (con suerte medicada) y cocine a fuego lento a la misma temperatura durante 5 minutos.
2. Agregue el ajo, el queso y el orégano y revuelva o bata rápidamente, mientras deja la temperatura entre media y baja. 1 minuto antes de que esté listo para servir, agregue el perejil y vierta sobre su pasta favorita de un tratamiento sabroso y medicado.

Espaguetis de marihuana

Ingredientes:
- 1/3 taza de aceite de oliva con infusión de cannabis
- 1 paquete de espaguetis
- 1 bulbo de ajo entero, picado
- 2 cucharadas de aceite vegetal
- 1 cucharada de salsa de soja
- queso parmesano
- Sal y pimienta para probar

Direcciones:
1. En una olla grande, hierva el agua. Cocine la pasta a la ternura deseada. Mientras tanto, corta el ajo en dados y saltea en aceite vegetal y salsa de soja a fuego medio hasta que esté tierno.
2. Baja el fuego y agrega el aceite de oliva de cannabis. Calentar durante unos cinco minutos y luego reservar.
3. Mezcle los fideos en el aceite y agregue sal, pimienta y queso parmesano al gusto. Sirve cuatro.

Pesto de tomate seco y cilantro

Ingredientes:
- 1/3 taza de aceite de oliva extra virgen medicado
- 1 taza de cilantro fresco picado con o sin tallos
- 1/2 taza de tomates secos
- 1 diente de ajo fresco picado
- 1 cucharada. chiles verdes finamente picados o jalapeño fresco
- 1 cucharadita azúcar morena
- Sal y pimienta como se prefiera

Direcciones:
1. No es crítico, pero si el tiempo lo permite, remoje los tomates secados al sol en el aceite de oliva durante al menos 2 horas.
2. Después de que se hayan remojado, licúe el cilantro, los tomates, el chile o el jalapeño, el aceite de oliva, el ajo y el azúcar morena hasta que estén bien mezclados.
3. Sacar, servir y disfrutar. Puede guardarlo en el refrigerador hasta por 2 días.

Pasta de albahaca con tomate y marihuana

Ingredientes:
- 1 libra de pasta, preferiblemente espiral o pajarita
- 4 tomates roma
- 5 dientes de ajo picados
- 3/4 taza de aceite de oliva con infusión de cannabis
- albahaca fresca sal y pimienta al gusto

Direcciones:
1. Cocine la pasta según las instrucciones. Mientras hierve el agua, prepara la salsa.
2. Retire las semillas de los tomates roma y córtelos en dados. Pica el ajo y pica la albahaca en tiras.
3. Combine los tres juntos en una cacerola mediana, calentando a fuego lento. Agregue el aceite de oliva con infusión de cannabis, la sal y la pimienta y revuelva.
4. Retirar del fuego y combinar en un recipiente aparte con la pasta cocida.
5. Rinde cuatro porciones muy fuertes.

PLATO PRINCIPAL-OTROS

Chile de cannabis de Texas

PIEDRAS 8
- 1 cucharada de aceite de canola
- 2 libras de carne molida gruesa
- ½ taza de Cannabutter simple
- Una lata de 15 onzas de caldo de res
- Una lata de 8 onzas de salsa de tomate

ESPECIAS
- 1 cucharada de ajo en polvo
- 1 cucharada de cebolla en polvo
- 1 cucharada de chile en polvo
- 2 cucharaditas de caldo de res de Wyler's en gránulos
- 1 cucharadita de pimentón
- 1 cucharadita de sal
- ½ cucharadita de pimienta negra
- ½ cucharadita de cilantro
- ½ cucharadita de comino
- ½ cucharadita de orégano
- ½ cucharadita de cayena

ACOMPAÑAMIENTOS
- Cerveza helada
- Articulación grasa
- 1 taza de frijoles pintos cocidos
- 1 frasco de jalapeños en rodajas
- 1 cebolla blanca mediana, cortada en cubitos

- 1 paquete de galletas saladas o galletas saladas

1. Primero, cubra el fondo de una olla grande con aceite. "Gris" la carne (freír, revolviendo suavemente, hasta que esté bien chamuscada), luego escurrir la grasa. Pasar la carne a un colador y verter un poco de agua sobre ella para quitar el exceso de grasa.

2. Derretir la cannabutter en la olla a fuego medio. Regrese la carne a la olla, agregue el caldo de res, luego llene la lata con 15 onzas de agua y viértala en la olla. Agregue la salsa de tomate y deje hervir lentamente. Agregue el primer grupo de especias, revuelva y vuelva a hervir lentamente a fuego medio durante 60 minutos. Agregue el segundo grupo de especias, revuelva y vuelva a hervir lentamente a fuego medio durante otros 45 minutos. Agregue el tercer grupo de especias, revuelva y hierva lentamente durante 15 minutos más. Pruebe para calentar y ajuste las especias según sea necesario.

3. Sirva con cerveza helada, un porro graso y frijoles pintos, jalapeños, cebollas y galletas saladas.

Cazuela de brócoli con champiñones

PIEDRAS 6
- $\frac{1}{2}$ taza de Cannabutter simple
- Aceite vegetal, para engrasar
- Floretes de 2 cabezas de brócoli fresco, picado
- 3 tazas de arroz cocido
- 1 libra de queso cheddar rallado
- 1 taza de cebolla amarilla picada
- 1 taza de apio picado
- 3 dientes de ajo finamente picados
- 1 taza de morillas, cremini o champiñones portobello baby, en rodajas
- $\frac{1}{4}$ de taza de almendras picadas
- Una lata de sopa de champiñones de $10\frac{1}{2}$ onzas
- $\frac{1}{2}$ taza de cubitos de pan del día anterior

1. Precaliente el horno a 350 ° F.
2. Derrita la cannabutter en una sartén a fuego medio, luego retírela y reserve.
3. Engrase un molde para hornear de 9 por 13 pulgadas con aceite vegetal. Combine el brócoli, el arroz, el queso, la cebolla, el apio, el ajo, los champiñones, las almendras y la sopa de champiñones y vierta en la bandeja para hornear.
4. Remojar los cubos de pan en la mantequilla y luego esparcirlos por toda la mezcla.

Hornee durante 45 a 60 minutos, o hasta que estén dorados y burbujeantes.

Calabaza butternut rellena en círculo om

PIEDRAS 4
- 1 calabaza moscada (1 a 2 libras)
- 1 cucharada de aceite de oliva
- $1\frac{1}{2}$ tazas de champiñones picados
- 1 cebolla amarilla pequeña, picada
- 2 dientes de ajo grandes, picados
- $\frac{1}{2}$ taza de pimiento rojo dulce, picado
- $\frac{1}{2}$ taza de pimiento morrón verde picado
- $\frac{1}{2}$ cucharadita de tomillo fresco
- $\frac{1}{2}$ cucharadita de albahaca seca
- 1 cucharadita de sal
- $\frac{1}{2}$ taza de Cannabutter simple, derretida

1. Precaliente el horno a 350 ° F.
2. Cortar la calabaza por la mitad y quitar las semillas y la pulpa fibrosa del interior raspándola con una cuchara. Coloque las mitades de calabaza en una fuente para hornear de 9 por 13 pulgadas. Ponga 3 pulgadas de agua en la fuente para hornear y hornee por 15 minutos.
3. Mientras tanto, caliente el aceite de oliva en una sartén a fuego medio. Agrega los champiñones, la cebolla, el ajo, los pimientos morrones, el tomillo, la albahaca y la sal, y sofríe durante 3 minutos, o hasta que las cebollas estén algo blandas.
4. Transfiera las verduras salteadas a la cavidad de la calabaza y vierta la cannabutter derretida por encima. Hornee por otros 20 minutos y continúe

rociando con los jugos de la sartén. Retirar del horno cuando la calabaza esté tierna con un tenedor.

Chile Con Carne De Marihuana

Ingredientes:
- 5 cucharadas mantequilla canna
- 30 oz. frijoles negros
- 30 oz. Black Eyed Peas
- 30 oz. frijoles
- cebollas picadas
- tomates picados
- 1,5 libras. carne de vaca
- 1/3 taza de vino tinto
- 3 cucharadas salsa Worcester
- 2 cucharadas. chile en polvo
- 2 cucharadas. comino
- 2 cucharadas. pimiento rojo triturado o 1.5 cucharaditas. Cayena en polvo

Direcciones:

1   En la olla más grande que tengas, coloca todos los frijoles y guisantes a fuego lento. Una vez que comience a formarse vapor, agregue el vino, todas las especias y la salsa Worcester. Después de 30 a 45 minutos, agregue los tomates y las cebollas picados, revolviendo ocasionalmente.

2   Agregue la carne cocida después de haber hecho esto. 20 - 30 minutos antes de que esté

listo para servir, agregue la mantequilla de cannabis.

3   Termina de cocinar, sirve y disfruta. La advertencia puede causar acidez estomacal.

.

Pastel De Carne De Marihuana

Ingredientes:
- 2 libras. carne molida (o carne molida de su elección)
- 1/2 oz. cannabis finamente molido
- 1 cebolla finamente picada
- 1 tomate picado
- 1 rama de apio picado
- 1 huevo
- tostadas (desmenuzadas en pan rallado)

Direcciones:

1 Primero, precaliente el horno a 375 grados Fahrenheit. Luego mezcle todos los ingredientes en un tazón grande.

2 Asegúrate de que la carne que uses tenga una cantidad decente de grasa, ya que la necesitarás para que el THC se active correctamente con el calor y sea absorbido por la grasa y el huevo.

3 Coloque la masa de carne recién formada en un molde para pastel de carne y hornee durante una hora o hasta que la temperatura interna haya alcanzado 160.

Espinaca de marihuana

Ingredientes:
- 1/3 taza de aceite de oliva con infusión de cannabis
- 1 manojo de espinacas
- 3 dientes de ajo picados
- 1 cucharadita de salsa sriracha (o chile en polvo)
- 1 cucharada de salsa de ostras
- 1 cucharadita de pimienta negra
- Sal al gusto

Direcciones:

1   Caliente el aceite de oliva con infusión de cannabis en una cacerola grande a fuego lento. Agregue el ajo y cocine por dos minutos, revolviendo. Agregue la salsa de chile, la salsa de ostras, la pimienta y la sal y revuelva hasta que se mezclen.

2   Luego agregue las espinacas. Cocine por un lado durante unos cinco minutos y luego use una espátula para voltear las espinacas. Cocine por el otro lado hasta que las espinacas estén tiernas.

3   ¡Dale un último revuelo antes de servir y disfrútalo! Sirve cuatro.

Calabaza Salteada con Marihuana

Ingredientes:
- 3 o 4 piezas de calabaza amarilla
- 1/3 taza de aceite de oliva con infusión de cannabis
- 6 dientes de ajo picados
- 2 cucharadas de salsa de soja
- 2 cucharadas de ajo en polvo
- 1 cucharadita de chile en polvo
- Sal y pimienta para probar

Direcciones:

1   Calentar el aceite de oliva de cannabis en una cacerola grande a fuego muy lento. Cortar la calabaza en rodajas de 1/4 de pulgada y picar el ajo.

2   Pon la calabaza, el ajo, la salsa de soja, el ajo en polvo, el chile en polvo, la sal y la pimienta en el aceite de oliva de cannabis. No permita que el aceite hierva. Saltee a fuego lento hasta que la calabaza se ablande; la sobrecocción le permite absorber más aceite.

3   Transfiera la calabaza a un tazón y drene el aceite sobrante en un frasco para guardar en el refrigerador para el próximo lote. Rinde tres porciones.

Dip de pimiento y alcachofa

Ingredientes:
- 2 cucharadas de mantequilla de cannabis potente
- 2 frascos de corazones de alcachofa marinados (6.5 oz)
- 1 puerro cortado en cubitos
- 3 cucharadas de mayonesa
- 1 frasco de pimientos rojos asados (7 oz)
- 3/4 taza de queso parmesano rallado

Direcciones:

1   Caliente el horno a 350 grados Fahrenheit. Escurrir y picar los pimientos morrones asados y los corazones de alcachofa.

2   En una cacerola mediana, derrita la mantequilla de cannabis lentamente a fuego lento. Sofreír el puerro cortado en cubitos en la cacerola a fuego lento hasta que esté tierno.

3   Agregue los corazones de alcachofa, los pimientos rojos asados, el queso parmesano y la mayonesa.

4   Coloque en una fuente para hornear de vidrio redonda o cuadrada de 8 pulgadas. Hornee por treinta minutos, o hasta que la parte superior de la salsa esté burbujeante y ligeramente dorada.

5   Sirva con pan plano de marihuana caliente o chips de tortilla.

Ensalada César de Marihuana

Ingredientes:
- Tantas hojas de lechuga romana como quieras
- tiras de tocino cocidas y trituradas
- Picatostes
- 1 cucharada. Queso parmesano rallado
- 2 cucharadas. aceite de oliva de cannabis
- 2 cucharadas. mayonesa
- 1 diente de ajo (picado)
- 1 cucharadita vinagre blanco
- 1 cucharadita mostaza de Dijon
- 1 cucharadita pasta de anchoas (opcional, pero esencial para una VERDADERA ensalada César)
- 1/4 cucharadita Salsa inglesa
- 1/4 cucharadita sal
- 1/4 cucharadita pimienta negro

Direcciones:

1   Para el aderezo, mezcle el aceite de oliva de cannabis, 2 cucharaditas. de parmesano, mostaza de Dijon, pasta de anchoas, vinagre, Worcestershire, sal y pimienta.

2   Por último, agregue la mayonesa. Para la ensalada, corte la lechuga romana en trozos pequeños y colóquela en una ensaladera mediana o

grande. Ahora agregue los picatostes, el tocino y la última cucharada. de queso parmesano.

3   Vierta el aderezo sobre él y disfrute de una de las recetas comestibles más fáciles y rápidas de la historia.

Chile de marihuana

Ingredientes:

- 1 onza. cogollos de marihuana finamente molidos
- 2 libras. Carne molida
- 46 oz. jugo de tomate
- 40 oz. salsa de tomate
- 2 tazas de cebolla (picada)
- 1/2 taza de pimiento verde (picado)
- 1/2 taza de apio (picado)
- 1/2 taza de champiñones (picados)
- 1/4 taza de chile en polvo
- 2 tazas de frijoles a tu elección
- 2 cucharaditas comino
- 1 cucharadita sal
- 3 dientes de ajo (picados)
- 1/2 cucharadita pimienta negra (molida)
- 1/2 cucharadita orégano
- 1/2 cucharadita azúcar
- 1/2 cucharadita pimienta de cayena

Direcciones:

1   Coloque 2 libras de carne de res en una sartén o sartén y dore a fuego medio o medio-alto. Una vez que esté completamente dorado, escurrir bien y reservar.

2   Ponga todos los ingredientes excepto la marihuana molida en una olla grande y déjela hervir constantemente. Después de que hierva, reduzca el fuego a bajo-medio y ponga la marihuana molida.

3

4   Cocine de 1,5 a 2 horas, reduciendo el fuego a bajo después de 1 hora. Servir y disfrutar.

Canna Olivada

Ingredientes:
- 1/3 taza de aceite de oliva de cannabis
- 3/4 libras aceitunas deshuesadas
- 2 dientes de ajo fresco picado
- Pimienta al gusto

Direcciones:

1   Ponga el ajo, las aceitunas y el aceite de oliva de cannabis en una licuadora, licuando hasta que quede suave. Si sale líquida, agregue más aceitunas. Ponga la pasta en una olla o frasco y agregue la pimienta.

2   Poner en un tarro de albañil, verter una fina capa de aceite de oliva de cannabis por encima y guardar en el frigorífico.

3   Unte sobre su pan de masa madre favorito, agréguelo a platos con huevo o incluso a papas al horno.

Relleno de pavo con marihuana

Ingredientes
- 1 cucharada. (media barra) mantequilla canna
- 2 tazas de pan rallado de centeno (o cualquier pan rallado sin condimentar)
- 1/2 taza de apio picado
- 1 taza de almendras / anacardos (finamente picados)
- 1/3 taza de cebollas finamente picadas
- 1 cucharada. condimento para aves de corral (condimento para bistec para pato)
- 2 cucharadas. vino tinto
- 1/2 taza de pasto de trigo o cebollino picado

Direcciones:
1. Derrita la mantequilla en una estufa a fuego lento o en el microondas a baja temperatura (esto es para asegurarse de no comprometer la potencia. El THC puede sobrevivir a temperaturas de hasta 385 grados Fahrenheit).
2. Una vez que la mantequilla de canna se haya derretido, mezcle todos los ingredientes y rellene el ave antes de cocinar.

Hongos Rellenos De Cangrejo De Marihuana

Ingredientes:
- 2 cucharadas de mantequilla de cannabis
- 3 cucharadas de mantequilla de cannabis, derretida
- 24 champiñones enteros frescos, de tamaño pequeño a mediano
- cebolla verde picada
- 1 cucharadita de jugo de limón
- 1 taza de carne de cangrejo cocida, cortada en cubitos
- 1/2 taza de pan rallado suave
- huevo batido con tenedor
- 1/2 cucharadita de eneldo seco
- 3/4 taza de queso pepper jack rallado
- 1/4 taza de vino blanco seco
- unas hojas de albahaca, cortadas en tiras finas

Direcciones:

1   Caliente el horno a 350. Vierta las 3 cucharadas de mantequilla derretida en una sartén de metal de 13 X 9. Retire los tallos de los champiñones y deje las tapas a un lado. Pica finamente los tallos restantes. Derrita las 2 cucharadas de mantequilla en una cacerola mediana y cocine la cebolla y los champiñones

juntos durante unos 3 minutos. Retire del fuego y agregue el jugo de limón, el cangrejo, el pan rallado, el huevo, el eneldo y 1/4 taza de queso pepper jack.

2   Coloca las tapas de los champiñones en la bandeja para hornear y mézclalas hasta que estén cubiertas con la mantequilla de cannabis. Coloque las tapas con la cavidad hacia arriba y rellene generosamente con la mezcla de cangrejo. Complete con la 1/2 taza de queso restante y vierta el vino en la sartén alrededor de los champiñones (no encima). Hornee durante 15-25 minutos, hasta que el queso se derrita y se dore ligeramente. ¡Cubra con la albahaca en rodajas y disfrute!

Bolas de mantequilla fritas con marihuana

Ingredientes:
   2 barras de mantequilla canna salada
   1/4 taza de queso crema
   1 taza de harina
   1 huevo mediano
   Pimienta y eneldo al gusto
   1 taza de pan rallado sazonado (el condimento italiano parece funcionar mejor) Aceite de maní para freír bolas en

Direcciones:
- Mezcle bien la mantequilla de cannabis, el queso crema, la pimienta y el eneldo en una batidora eléctrica. Si no tiene uno, asegúrese de mezclarlo bien con una cuchara.
- Luego, usando una cuchara pequeña o una cuchara para melón, haga la mezcla en bolas separadas de 1 pulgada y colóquelas en un pedazo de papel encerado en una bandeja para hornear. Colocar en el congelador y dejar ahí hasta que estén completamente congelados. Una vez congelados, rebozarlos con huevo, luego harina y pan rallado. Vuelva a colocar en el congelador hasta que se congele.

- Una vez congelados, puede sacarlos y freírlos en aceite de maní durante 15 segundos a 350 grados Fahrenheit. Por último, antes de comerlos, escurrir sobre una toalla de papel.
- Disfrútelo, pero tenga cuidado, solo uno o dos de estos lo medicarán por completo, incluso si su mantequilla tiene una potencia promedio.

Pastel de pollo con marihuana

Ingredientes:
- 1 libra de pechuga de pollo, deshuesada y sin piel y cortada en cubitos
- 3/4 taza de caldo / caldo de pollo
- 1 taza de guisantes verdes
- 1 taza de zanahorias picadas
- 1/2 taza de apio cortado en cubitos
- 2/3 taza de leche al 2%
- 1/3 taza de cannabutter
- 1/3 taza de cebolla picada
- 1/3 taza de harina
- 1/2 cucharadita sal
- 1/4 cucharadita pimienta negra triturada
- 1/4 cucharadita semilla de apio
- Cortezas de pastel sin hornear de 9 pulgadas

Direcciones:
1. Primero, precaliente su horno a 385 grados Fahrenheit (esto es muy importante, cualquier temperatura por encima de esto comenzará a disminuir los cannabinoides). En una sartén, combine los trozos de pollo, los guisantes, las zanahorias y el apio y agregue 1/3 taza de agua, tape y hierva por 15 minutos a

fuego medio-alto. Después de eso, retíralo del fuego y colócalo en un colador para que escurra.

2. Ahora, en la misma sartén, cocine las cebollas en mantequilla (cannabutter o mantequilla regular) hasta que estén blandas y comiencen a aclararse.

3. Ahora, agregue la pimienta, la sal, la harina y las semillas de apio, luego agregue el caldo de pollo y la leche (para mayor potencia, use leche de cannabis). Cocine a fuego lento a fuego medio-bajo hasta que la mezcla comience a espesarse (aproximadamente 10 a 15 minutos). A continuación, coloque los trozos de pollo en cubitos en las cortezas de la tarta en moldes separados.

4. Vierta la mezcla caliente que acaba de hacer sobre el pollo y en la base de la tarta y el molde. Cubra esta mezcla con la corteza superior alternativa y selle los bordes, mientras recorta y desecha el exceso de masa. Use un cuchillo de mantequilla para cortar media docena de ranuras en la parte superior para permitir que se escape la humedad y el vapor.

5. En el horno precalentado a 385 Fahrenheit durante 40 - 45 minutos, o hasta que el pastel esté dorado por

encima. Sacar y dejar enfriar durante 10 minutos antes de guardar. ¡Disfrutar!

Puré de papas con marihuana

Ingredientes:
- 1/2 a 1 barra de mantequilla de cannabis, dependiendo de la potencia
- patatas grandes, peladas
- manojo de ajo
- 1 taza de queso cheddar rallado
- 1/2 taza de sal de crema agria, pimienta al gusto
- pizca de aceite de oliva (para asar ajo)

Direcciones:

1   Primero querrás preparar el ajo asado. Corta la parte superior del manojo y rocía alrededor de una cucharada de aceite de oliva en el ajo. Envuelva en papel de aluminio y hornee en el horno durante 40-50 minutos. El ajo debe estar tierno y separarse con un tenedor.

2   Mientras esperas a que se cocine el ajo, corta las papas peladas en cubos y hiérvelas en agua con sal hasta que estén tiernas. Escurre las papas y tritúralas en un tazón grande para mezclar. Agregue la mantequilla de cannabis, deje que se derrita y mezcle bien. Luego agregue la crema agria, el queso, el ajo asado, la sal y la

pimienta y mezcle. Rinde alrededor de seis
porciones, sirva inmediatamente.

Pizza medicada

Hace dos pizzas

Ingredientes:

Masa:

- $\frac{1}{2}$ taza de harina
- 1 onza. levadura
- 1 cucharadita de levadura
- 8 fl. onz. agua
- 1 cucharada de azúcar granulada
- 2 cucharadas de CannaButter derretida (la potencia depende de la dosis de mantequilla)

Aderezos:

- 2 tazas de queso rallado de tu elección
- 1 lata grande de tomates picados
- 1 cucharadita de orégano recién molido
- Cualquier otro aderezo deseado
- 1 cucharada de CannaButter derretida

Instrucciones:

1   Primero, agregue la harina, la levadura y el azúcar en un tazón grande para mezclar. Luego agregue agua y mezcle constantemente con la masa. Cubra el bol con una toalla o paño y déjelo a

un lado en un área algo tibia durante 30 minutos. Destape, agregue la sal y 2 cucharadas de CannaButter derretido, y mezcle en una bola de masa.

2   Cubra esta bola con una capa de harina. A baja temperatura, cocine a fuego lento los ingredientes que desee en sus 5 cucharadas de CannaButter. A continuación, agregue los tomates y el orégano y deje hervir a fuego lento, revolviendo ocasionalmente, hasta que tenga una apariencia similar a la salsa.

3   Ahora, enrolle su masa en dos bolas separadas pero uniformes. Aplana estos y esparce la salsa sobre la masa, luego agrega el queso y cualquier otro aderezo que desees.

4   Hornee en el horno durante 13 a 18 minutos a 375 grados.

Cazuela De Marihuana Hash Brown

Ingredientes:
- aproximadamente 1/2 paquete de croquetas de patata congeladas o 5 huevos
- aproximadamente 1/4 de libra de su queso favorito: rallado, rallado o en rodajas finas
- Sémola y salsa y / o Tobasco, etc.
- 2 cucharadas de mantequilla de marihuana

Direcciones:

1   Agrega las 2 cucharadas de mantequilla de marihuana en una sartén grande. Agregue las croquetas de patata, revolviendo para que el aceite cubra la mayoría de ellas. Dore las papas durante unos seis u ocho minutos, revolviendo ocasionalmente, hasta que la parte inferior de la pila comience a verse dorada. Mientras las papas se doran, bata los huevos y corte o ralle el queso, si es necesario. Cuando las papas estén ligeramente doradas en la parte inferior, voltee la hamburguesa de papa lo más limpiamente posible y vierta los huevos por encima.

2   Deje que este lado se dore hasta que los huevos se solidifiquen en su mayoría, alrededor de cinco u ocho minutos. Ahora voltee la mezcla

nuevamente, lo más limpiamente posible, y luego coloque el queso en una capa delgada encima. Cubra la sartén si es posible y deje que el queso se derrita.

3   (alrededor de ocho o diez minutos, menos si está cubierto). Sirva con salsa y sémola.

Pilaf de arroz al curry de cannabis con guisantes

Tiempo total: 30 minutos.

Rinde: 4 personas

Ingredientes

- 1 taza de arroz blanco de grano largo como jazmín o basmati
- 1 taza de guisantes congelados
- 1 cebolla mediana
- $\frac{1}{4}$ taza de pistachos o almendras tostadas sin sal
- 3 dientes de ajo
- 2 cucharadas de CannaOil
- $1\frac{1}{2}$ cucharaditas de curry en polvo
- $\frac{1}{2}$ manojo de cilantro sin tallos duros
- Lima
- Sal kosher
- Pimienta negra recién molida

Instrucciones

1   Pelar y picar finamente 1 cebolla y 4 dientes de ajo.

2   Caliente CannaOil en un horno holandés a fuego medio. Cocine la cebolla y el ajo hasta que estén translúcidos y fragantes. Condimentar con sal y pimienta.

3   Agregue el arroz y revuelva hasta que todo esté uniformemente combinado y los granos estén completamente cubiertos. Saltee durante 3-5 minutos o hasta que los granos se vuelvan translúcidos.

4   Agregue el curry en polvo y saltee durante 1 minuto hasta que esté tostado.

5   Agregue agua y revuelva, asegurándose de raspar el fondo de la sartén para obtener los trozos crujientes. Llevar a ebullición y reducir a fuego lento.

6   Deje que el arroz se cocine al vapor hasta que se absorba el agua y los granos estén tiernos, de 12 a 15 minutos. Retire la olla del fuego, destape y agregue 1 taza de guisantes congelados. Coloque la tapa encima y deje que el arroz continúe cocinando al vapor suavemente durante unos 5 minutos.

7   Mientras el pilaf está en reposo, pique $\frac{1}{2}$ manojo de cilantro y $\frac{1}{4}$ taza de pistachos. Corta 1 lima en gajos.

8   Retire la tapa y la toalla y esponje el arroz con un tenedor. Sazone con más sal y pimienta y agregue los pistachos y el cilantro.

9   Transfiera a un tazón para servir. Sirve con rodajas de lima.

Pollo en bandeja frotado con cannabis y pimentón

Tiempo total: 1 hora 15 minutos

Rinde: 6 porciones

Ingredientes
- 1 pollo entero cocido con espátula
- 2 cucharadas de semillas de hinojo
- 1 cucharadita de pimentón picante
- 1 cucharadita de sal
- 1 cucharadita de pimentón ahumado
- 1 cucharadita de pimienta negra
- 3 dientes de ajo finamente rallados
- 1/4 taza de aceite de cannabis
- 2 limones en cuartos

Instrucciones

1   Precaliente el horno a 325 ° F.

2   Seque el pollo con toallas de papel. Muele las semillas de hinojo en un molinillo de especias o con un mortero. Combine el hinojo, el pimentón picante, la sal, el pimentón ahumado, la pimienta negra, el ajo y CannaOil en un tazón mediano; frote la mezcla de especias por todo el pollo. Frote los restos de la mezcla de especias en los cuartos de limón.

3   Coloque el pollo, con la pechuga hacia arriba, en una bandeja para hornear con borde o en una sartén refractaria de 12 pulgadas; esparza limones alrededor del pollo. Ase a 325 ° F durante 1 hora o hasta que el pollo esté tierno, los limones estén suaves y atascados, y un termómetro para carne insertado en la parte más gruesa de la pechuga registra 160 ° F, rociando el pollo con la grasa cada 30 minutos. Retirar del horno; descansar 15 minutos. Exprima los limones sobre el pollo o sirva los limones con pollo tibio.

Gumbo de pollo y ganja de Andouille

PIEDRAS 12

- 2 cebollas amarillas grandes, picadas (reservar los extremos)
- 3 pimientos morrones verdes, sin semillas y picados
- 8 costillas de apio, en rodajas (reservar las guarniciones)
- 8 dientes de ajo picados
- Una bolsa de 16 onzas de okra congelada
- 2 cuartos de caldo de pollo orgánico
- 1 libra de salchicha andouille
- Un pollo (4 o 5 libras), cortado en trozos pequeños
- 3 cucharadas de Cannabutter simple a temperatura ambiente
- $\frac{1}{2}$ taza de aceite vegetal
- $\frac{1}{4}$ de taza de harina para todo uso
- guiones de salsa picante de calidad
- 1 cucharadita de tomillo fresco
- $\frac{1}{8}$ cucharadita de pimienta de cayena
- 1 cucharadita de pimienta negra
- hojas de laurel
- Sal marina (la salchicha y la mantequilla pueden estar un poco saladas, así que espere y agregue
- sal al final o nada)

- 3 a 4 tazas de arroz de grano largo cocido
- 4 a 6 hojas de albahaca fresca, cortada en trozos pequeños
- un puñado de perejil fresco picado
- Pan crujiente, para servir

1. En un tazón grande, combine las cebollas, los pimientos morrones, el apio y el ajo. Deje que la okra se descongele por un tiempo sumergiendo la bolsa en agua tibia hasta que esté a temperatura ambiente.

2. Luego, agregue el caldo de pollo a una olla grande a fuego alto. Agregue las puntas de cebolla reservadas y los recortes de apio. Lleve el caldo a ebullición, luego reduzca el fuego a medio-bajo.

3. Mientras tanto, corte la salchicha Andouille en rodajas de $\frac{1}{4}$ de pulgada de grosor. Caliente una sartén grande a fuego alto, luego agregue la salchicha y baje el fuego a medio.

Un poco de Andouille comprado en la tienda está cocido (lea el paquete), así que simplemente caliéntelo y dórelo. La salchicha cruda de la carnicería debe cocinarse durante unos 10 minutos, hasta que el exterior esté dorado y ligeramente crujiente. Retirar la salchicha de la sartén, dejando la salchicha grasa. Pon la salchicha a un lado en un bol.

4. Lave el pollo y séquelo. Vuelva a calentar su sartén a fuego medio y agregue los trozos de pollo

con la piel hacia abajo. Cocine 5 minutos por lado, hasta que se dore. Dejar de lado.

5. Ahora suba el fuego a medio-alto y derrita 1 cucharada de cannabutter, luego agregue la mitad de las verduras picadas. Sofría hasta que las cebollas estén transparentes y todo lo demás esté un poco blando. Retire las verduras salteadas y reserve. Reserva la sartén; lo volverá a utilizar pronto.

6. Del caldo de pollo hirviendo, retire y deseche la parte superior de la cebolla y los recortes de apio. Agrega las verduras salteadas y la mitad de la okra al caldo. Coloque el quimbombó restante en el tazón con las verduras crudas sobrantes.

7. Ahora, preparará el roux agregando harina a la grasa y mantequilla realmente sabrosas en la sartén para saltear utilizada anteriormente. Esta mezcla de harina, aceite y cannabutter dorada es la base para un gumbo con un rico y profundo sabor cajún. Enciende el fuego a medio y agrega el aceite. Use una cuchara de madera para agregar suavemente la harina, mezclando hasta que la harina se disuelva. Revuelva el roux, raspando constantemente el fondo y los lados de la sartén. Después de 10 minutos de revolver, agregue lentamente la cucharada restante de cannabutter. Continúe revolviendo durante otros 10 a 20 minutos, hasta que el roux se haya vuelto del color de la leche con chocolate negro. Ahora, agregue las verduras

crudas. Mezcle las verduras en el roux hasta que estén bien cubiertas.

8. Después de unos 5 minutos, vierta el contenido de la sartén en la mezcla de caldo de pollo hirviendo. Luego, agregue los trozos de pollo cocidos y hierva el gumbo.

9. Use una taza medidora de vidrio para sacar 2 tazas de líquido y agréguelo a la sartén caliente que contenía el roux. Quieres obtener todo el sabor y la salsa psicoactiva de esa sartén, así que usa tu cuchara de madera y raspa todos los pedazos de los lados y el fondo. Viértelo de nuevo en la olla grande. Agregue un par de tragos saludables de salsa picante.

10. Una vez que la mezcla haya hervido, reduzca el fuego a medio-bajo. Agregue el tomillo, la pimienta de cayena, la pimienta negra y las hojas de laurel. Ahora, agregue 3 tazas de agua para diluir el gumbo.

11. Debe hervir a fuego lento durante aproximadamente $1\frac{1}{2}$ horas. Revuélvelo de vez en cuando. Después 50 minutos, agregue la salchicha Andouille y el aceite del fondo del bol.

12. Antes de servir, retire los huesos de pollo y las hojas de laurel del gumbo. Pruebe y sazone con sal marina si lo desea.

13. Para servir, coloque un poco de arroz en el fondo de un tazón y coloque el gumbo encima. Adorne con la albahaca y el perejil y sirva con pan

crujiente. Puede congelar lo que no come inmediatamente.

Tamales de distorsión del tiempo

PIEDRAS 6

- Una bolsa de hojas de maíz de 6 onzas (paquete de 12, disponible en los mercados latinos o en línea)

MASA
- 2 tazas de masa harina
- 1 cucharadita de sal marina
- $\frac{1}{2}$ taza de Cannabutter simple derretida
- 6 gramos de kif o hachís de calidad alimentaria sin prensar

RELLENO
- 6 chiles pasilla o chiles verdes enteros enlatados
- 1 libra de pechuga de pollo deshuesada y sin piel o 1 libra de calabaza cortada en cubitos
- 1 cucharadita de comino
- 1 cucharadita de pimentón
- Sal
- Pimienta
- 1 cucharada de aceite vegetal
- $\frac{1}{4}$ de taza de cebolla amarilla finamente picada
- 1 cucharadita de Cannabutter simple
- 1 cucharada de caldo de pollo o

- $\frac{1}{2}$ cucharada de caldo de verduras (para una opción vegetariana)
- $\frac{1}{2}$ taza de queso cheddar rallado
- 1 cucharada de cilantro picado
- 1 cucharada de cebollas verdes picadas
- Salsa y crema agria, para servir (opcional)

1. Rehidrate las hojas de maíz sumergiéndolas en agua durante la noche. Remojarlos hace que sea más fácil envolver los tamales. Enjuague las cáscaras antes de usarlas.

2. Para hacer la masa, mezcle la masa harina con la sal en un tazón grande para mezclar.
Agregue lentamente la cannabutter derretida, mezclándola con la masa a medida que avanza. Mezcle su kif o hachís sin prensar de grado alimenticio, revolviendo hasta que esté bien mezclado. Deja la masa a un lado.

3. A continuación, ase los chiles pasilla en una parrilla o ase en el horno hasta que la piel se queme. Deje enfriar y retire la piel quemada y todas las semillas antes de cortar los pimientos en cubitos. Si está usando chiles enlatados, simplemente escúrralos y córtelos en dados.

4. Sazone la pechuga de pollo con comino, pimentón y sal y pimienta al gusto. En una sartén, calienta el aceite a fuego alto y sofríe el pollo por $3\frac{1}{2}$ minutos por cada lado, hasta que se dore. Agrega la cebolla amarilla y la cannabutter y cocina por 1 minuto, luego agrega el caldo de pollo y retira del fuego.

Cuando el pollo se haya enfriado, córtelo en trozos pequeños. (Alternativamente, para una versión vegetariana, primero saltee las cebollas en el aceite durante 5 minutos, luego agregue la cannabutter, la calabaza y $\frac{1}{2}$ cucharada de caldo de verduras, salteando hasta que la calabaza esté tierna con un tenedor.

Deja las verduras a un lado.)

5. Mezcle el pollo cortado (o la mezcla de calabaza) con los pimientos y el queso. Sazone con más sal y pimienta, si lo desea, luego agregue el cilantro y las cebolletas y mezcle para combinar. ¡Tu llenado está terminado!

6. Para armar un tamal, haga una bola de masa del tamaño de una ciruela en el centro de su palma. Colóquelo en el medio de una hoja de maíz y use el dorso de una cuchara para esparcirlo uniformemente en una capa delgada. Coloque una cucharada colmada de relleno encima de la masa y prepárese para enrollar una.

7. Tome otra hoja de maíz y córtela en tiras. Usarás estas piezas para atar los extremos del tamal. Enrolle la hoja de maíz con el relleno y junte los extremos, forzando el relleno hacia el centro del tamal, luego doble el exceso de hoja y asegúrelo con las tiras de hoja o una cuerda simple, para que la hoja permanezca doblada mientras se cocina al vapor. Continuar hasta que se acabe toda la masa y el relleno. En este punto, puede congelar algunos

tamales y guardarlos para otro día, o puede cocinarlos al vapor todos ahora.

8. Los tamales se cuecen tradicionalmente al vapor en una canasta especial, pero también puede usar una vaporera de verduras. Empaca los tamales en la vaporera y colócala sobre agua hirviendo en una olla grande. Ponlo a hervir a fuego lento y tapa la olla. Cocine de 1 a $1\frac{1}{2}$ horas, controlando el nivel del agua de vez en cuando y agregando más agua si es necesario. Saca un tamal y comprueba la firmeza de la masa. Debe quedar esponjoso y un poco aceitoso pero firme. Sirva sus tamales calientes, con salsa y crema agria a un lado si lo desea.

Ñoquis de patata con ragú de setas

PIEDRAS 4

- 1 gramo de cogollos de cannabis molidos o $\frac{1}{8}$ de onza de hojas de azúcar
- $\frac{1}{2}$ taza de crema espesa

GNOCCHI DE PATATAS FRESCAS
- $2\frac{1}{4}$ libras de papas Yukon Gold, peladas
- $2\frac{1}{4}$ tazas de harina para todo uso, y más según sea necesario

RAGU DE SETAS SALVAJES
- $\frac{1}{4}$ taza de aceite de oliva
- 1 cebolla morada, picada en trozos grandes
- Sal
- $\frac{1}{2}$ cucharadita de pimiento rojo triturado
- libra una variedad de hongos, incluidos porcini, cremini, ostra, oreja de madera y botón blanco
- $\frac{1}{4}$ de taza de vino tinto
- $\frac{1}{4}$ de taza de perejil de hoja plana picado, y más para decorar
- 1 cucharada de ajo picado
- 1 taza de caldo de res
- Perejil, para decorar
- Queso parmesano recién rallado, para decorar
- Equipo: Ricer

1. En una cacerola pequeña a fuego lento, agregue los cogollos de cannabis molidos o los recortes de hojas a la crema espesa y déjela hervir a fuego lento durante 30 minutos. Colar la nata y reservar.

2. Para hacer ñoquis, corte las papas en trozos pequeños y luego colóquelas en una olla grande. Agregue agua para cubrir y deje hervir a fuego alto. Cocine hasta que las papas estén tiernas con un tenedor, aproximadamente 30 minutos.

3. Escurra las papas y luego use su ricino, pasando las papas y manteniendo las papas ralladas en un tazón grande. Este paso es esencial para lograr una textura de ñoquis perfecta y esponjosa. Deje que las patatas se enfríen a temperatura ambiente.

4. Agregue la harina a las papas y amáselas hasta formar una masa. La masa debe formar una bola suave. Si la masa parece demasiado húmeda, agregue un poco más de harina, aproximadamente una cucharada a la vez. Enróllelo en 10 troncos que sean tan gruesos como su pulgar. Corte los troncos en trozos de $\frac{1}{4}$ de pulgada y mezcle con un puñado de harina.

5. Para hacer el ragú, en una sartén grande a fuego alto, agregue el aceite de oliva. Agrega la cebolla y sofríe hasta que esté tierna. Condimentar con sal al gusto y el pimiento rojo triturado.

Agregue los champiñones y cocine hasta que comiencen a dorarse, de 4 a 5 minutos.

Desglasar la sartén con el vino agitando el vino en la sartén y raspando rápidamente los trozos cocidos dorados. Agrega el perejil y el ajo y cocina por 2 minutos. Agrega el caldo de res y reduce el fuego a medio-bajo. Deje hervir a fuego lento durante 20 minutos o hasta que la salsa espese. Agregue la crema con infusión de THC y revuelva para combinar. Cocine a fuego lento durante unos minutos más o hasta que la salsa cubra el dorso de una cuchara.

6. En una olla grande con agua hirviendo con sal a fuego alto, agregue los ñoquis y cocine hasta que salgan a la superficie (solo 1 o 2 minutos para los ñoquis frescos). Escurrir bien y servir con salsa por encima. Adorne con perejil y parmesano.

Spanakopita psicodélico

PIEDRAS 4

- Una masa para pastel de 9 pulgadas comprada en la tienda
- $\frac{1}{4}$ taza de aceite de oliva THC
- $\frac{1}{2}$ pimiento rojo picado
- $\frac{1}{2}$ pimiento verde picado
- $\frac{1}{2}$ taza de champiñones en rodajas
- cebollas verdes, picadas
- $\frac{1}{2}$ cebolla amarilla mediana, picada
- $\frac{1}{2}$ cucharada de albahaca seca molida
- $\frac{1}{2}$ cucharada de tomillo fresco
- $\frac{1}{2}$ cucharada de orégano fresco
- 3 dientes de ajo finamente picados
- $\frac{1}{2}$ taza de crema espesa
- 3 huevos, ligeramente batidos
- $\frac{1}{4}$ taza de queso feta desmenuzado
- $\frac{1}{2}$ taza de queso cheddar rallado
- 4 tazas de espinacas tiernas frescas
- Equipo: Pesas de pastel o frijoles secos

1. Precaliente el horno a 425 ° F.
2. Corte un círculo de papel de aluminio para que quepa en el fondo de la masa de pastel y péselo con pesas para pastel o algunos frijoles secos de la despensa. Esto evitará que la corteza se hinche o forme burbujas. Hornee su corteza congelada comprada en la tienda durante 10 a 12 minutos o

hasta que esté ligeramente dorada. Si usa una masa para pastel recién hecha, hornee por solo 5 a 8 minutos.

3. En una sartén, caliente su aceite de oliva THC a fuego medio. Agregue los pimientos morrones, los champiñones, las cebolletas y la cebolla, y saltee ligeramente durante 1 minuto.

Agrega las hierbas y el ajo, y sofríe por 2 minutos más. Retirar la sartén del fuego y reservar.

4. En un tazón, combine la crema espesa, los huevos y los quesos. Coloque la mitad de la masa de huevo y queso en el fondo de la masa para pastel cocida. Luego coloque la mitad de la mezcla de verduras sobre el queso, seguida de una capa de la mitad de las espinacas, luego otra capa de la mezcla de verduras restante. Extienda el resto de las espinacas sobre el pastel en capas y luego cubra todo con el resto de la masa de queso. Hornee por 30 minutos o hasta que se dore ligeramente por encima. Introduce un palillo en el pastel para comprobar que esté cocido.

Pastel de diésel agrio

PIEDRAS 12
- cucharadas de Cannabutter simple
- ⅓ taza de vino tinto
- trozos del tamaño de la palma de la mano (aproximadamente 12 onzas) de ojo de filete redondo de corte fino, cortado en
- Cubos de ¼ de pulgada
- cucharadas colmadas de ajo picado
- ⅓ a ½ taza de cebolla morada, cortada en ¼ trozos de una pulgada
- ⅛ cucharadita de sal
- ¼ de cucharadita de pimienta
- ½ taza de papas cortadas en cubitos (cubos de ¼ de pulgada)
- ⅓ taza de guisantes, descongelados si están congelados
- ⅓ taza de zanahorias pequeñas, cortadas en rodajas
- Un paquete de 1½ onzas de mezcla de salsa marrón en polvo
- ½ taza de queso cheddar picante rallado
- Dos masas de pastel congeladas en un plato hondo de 9 pulgadas (pero si quieres hacer esto realmente
- desde cero, siéntase libre; consulte Green Buttery Piecrust)
- masa para tarta honda adicional para decorar (opcional)

- clara de huevo (opcional)
- Equipo: olla de barro o olla pesada

1. En una olla de cocción lenta, combine la cannabutter, el vino tinto, el bistec, el ajo, la cebolla, la sal y la pimienta, y cocine a fuego lento, revolviendo ocasionalmente, hasta que la carne esté completamente dorada y comience a ablandarse, de 3 a 4 horas. Si no tiene una olla de cocción lenta, use una olla pesada y mantenga la temperatura muy baja, vigilándola de cerca para detectar cualquier signo de quemaduras. (Quemarse es malo, las altas temperaturas degradan el THC, y no quieres eso).

2. Una vez que la carne esté dorada, agregue las papas, los guisantes y las zanahorias, y revuelva bien. Cuando las papas estén tiernas, una hora más tarde, espolvoree la mezcla de salsa marrón poco a poco. Revuelva bien y siga agregando la mezcla de salsa hasta que los jugos de la carne, el vino y la cannabutter derretida se espesen sustancialmente. La mezcla debe verse más espesa que el estofado de carne.

3. Retire del fuego y agregue el queso cheddar. (Puede hacer el relleno 1 o 2 días antes y guardarlo en el refrigerador hasta que esté listo para hacer el pastel).

4. Precaliente el horno a 350 ° F.

5. Mientras se enfría el relleno, descongele la masa de pastel durante 10 minutos. Pincha el fondo de una de las conchas con un tenedor, luego hornea por

10 minutos o hasta que esté dorado. Retirar la base de la tarta del horno y dejar enfriar. Así es como evita que la corteza inferior se empape. Reduzca la temperatura del horno a 300 ° F.

6. A continuación, llene la masa de pastel cocida con la mezcla de carne y verduras. Cúbralo con la otra base de pastel sin cocer, presionando los bordes con un tenedor. Perfora el pastel con el tenedor varias veces para ventilarlo.

7. Aquí hay un paso adicional opcional para darle a la tarta una decoración encantadora: toma esa tercera masa de tarta y corta una hoja de maceta o cualquier otra forma que te divierta. Colóquelo encima del pastel relleno y perfore la corteza a su alrededor con un tenedor para ventilar.

8. Unte la clara de huevo, si la usa, sobre la masa de pastel cruda. Esto le dará a tu corteza una apariencia hermosa y brillante.

9. Regrese la tarta al horno y cocine hasta que la corteza superior esté dorada, aproximadamente 25 a 30 minutos. Retirar del horno y dejar enfriar durante 10 a 15 minutos; esto ayuda a que se asiente, por lo que las rodajas conservarán la forma de cuña al servir. Si corta la tarta demasiado pronto, se deshace un poco; sigue siendo delicioso, pero no tan bonito. Y ahí lo tienes: pastel de carne para adultos.

Pollo frito con cheeto

PIEDRAS 8
- 5 libras de muslos o pechugas de pollo deshuesados y sin piel
- $1\frac{1}{2}$ cuarto de suero de leche
- 2 cucharadas de sal kosher
- $\frac{1}{4}$ de taza de chile en polvo
- $3\frac{1}{2}$ cucharadas de ajo en polvo
- 1 huevo, ligeramente batido
- 1 cucharada de maicena
- Tres bolsas de 6 onzas garabatos de queso Cheeto
- 8 tazas de aceite THC para freír

1. Corte el pollo en trozos de 4 onzas.
2. Con un mazo, aplanar los trozos en chuletas sin romper la pulpa. Dejar de lado.
3. En un tazón grande, mezcle el suero de leche, la sal kosher, el chile en polvo y el ajo en polvo. Agregue el pollo y déjelo marinar en el refrigerador durante al menos 5 horas.
4. Retire el pollo y transfiéralo a otro tazón grande. A este bol, agregue el huevo batido y la maicena. Use sus manos para cubrir bien el pollo. Dejar de lado.
5. Ahora, toma los Cheetos y tritúralos hasta que no queden grumos. Haga esto abriendo la bolsa, dejando salir el aire y luego golpeando los Cheetos

con un mazo hasta que queden migas de textura fina.

6. Transfiera los Cheetos a una sartén y enrolle las chuletas de pollo individuales hasta que estén bien cubiertas.

7. Fríe el pollo rebozado en aceite de THC a 335 ° F durante 5 a 6 minutos hasta que esté dorado y bien cocido. Escurre el pollo sobre papel toalla y sírvelo tibio.

Solomillo de cerdo envuelto en tocino

PIEDRAS 4

1 taza de jugo de mango
2 tazas de vinagre de sidra
Una lata de 7 onzas de chiles chipotles en salsa adobo, triturados en la licuadora o muy finamente picados
1 taza de salsa de soja
7 tazas de azucar
1 taza de glicerina medicada
Dos solomillos de cerdo de 2 libras
4 onzas de queso Boursin
1 libra de tocino en rodajas finas
Sal marina
Pimienta negra molida
Equipo: hilo de cocina

1. En una olla pesada no reactiva de 3 galones, reduzca el jugo de mango a $\frac{1}{4}$ de taza.
Agrega el vinagre, los chiles chipotles, la salsa de soja y el azúcar, y cocina a fuego medio alto hasta que el azúcar se derrita y la salsa se reduzca a 4 tazas y cubra el dorso de una cuchara, aproximadamente de 20 a 30 minutos. Mire cuidadosamente mientras reduce el esmalte; ¡Tiene tendencia a hervir demasiado! Agregue suavemente la glicerina medicada y deje enfriar.
2. Precaliente el horno a 350 ° F.

3. Lave sus solomillos y séquelos con toallas de papel. Corta cuatro cortes de ½ pulgada en cada lomo y rellena ½ onza de queso en cada corte.

4. Envuelva bien los solomillos rellenos con el tocino y asegúrelos atando con trozos individuales de cordel de cocina, transversalmente alrededor del lomo.

5. Cocine los solomillos en el horno durante 30 a 45 minutos, dependiendo del tamaño. Una vez que el tocino esté crujiente, comienza a glasear el lomo con la mezcla de mango y chipotle mientras el cerdo está en el horno. Glasea generosamente cada 10 minutos hasta que se te acabe la mezcla de mango y chipotle o el cerdo esté listo. La carne de cerdo está lista cuando la temperatura interna alcanza los 155 ° F. El tocino debe estar crujiente y crear una corteza maravillosa.

6. Cuando el lomo esté listo, sáquelo y déjelo reposar sobre la tabla de cortar durante 10 a 15 minutos. Cuando su carne esté completamente descansada, corte en rodajas finas con un cuchillo afilado y sirva.

Solomillo de ternera relleno de panceta con champiñones de oporto

PIEDRAS 10 A 12

5 cucharadas de aceite de THC
15 onzas de panceta; 9 onzas en rodajas, 6 onzas picadas
6½ libras de lomo de res deshuesado, cortado y cortado a la mitad en forma transversal
Sal
Pimienta
4 cucharadas de Cannabutter simple
2 tazas de pan rallado fresco molido en trozos grandes
1¼ tazas de perejil fresco finamente picado
3 cucharadas de hojas frescas de tomillo
1½ libras de champiñones, en rodajas
½ taza de oporto tawny o ruby
Equipo: hilo de cocina

1. Precaliente el horno a 475 ° F.
2. En una sartén extra grande, caliente 1 cucharada de aceite de THC, revolviendo para cubrir la sartén. Cocine las rodajas de panceta sin tocarlas a fuego medio durante aproximadamente 2 a 3 minutos para que se vuelvan grasas. No cocine demasiado, ya que estas rodajas luego cubrirán su lomo en el horno. Cuando esté cocido, transfiera la panceta a un plato y reserve.

3. Usando la misma sartén, caliente 3 cucharadas de aceite de THC a fuego medio.

Sazone las mitades de lomo con sal y pimienta, agregue a la sartén y cocine de 6 a 8 minutos por cada lado, hasta que se doren. Use una espátula para presionar el lomo hacia abajo y dorar bien la carne. Transfiera a una superficie de trabajo y deje que el lomo se enfríe durante 10 a 15 minutos.

4. En la misma sartén, cocine la panceta picada en la 1 cucharada restante de aceite de THC, revolviendo hasta que esté dorada, aproximadamente 5 minutos. Agregue la cannabutter y deje que se derrita, luego transfiera la mezcla a un tazón mediano.

5. Agregue $\frac{1}{2}$ taza de agua a la sartén y cocine, raspando todos los deliciosos trozos dorados; vierta en el tazón de panceta picada junto con el pan rallado, el perejil, el tomillo y $\frac{1}{2}$ cucharadita de sal y $\frac{1}{2}$ cucharadita de pimienta. Reserva la sartén.

6. Coloque cuatro trozos de hilo de cocina de 12 pulgadas a 3 pulgadas de distancia en una tabla de cortar, paralelos al borde frontal de la tabla de cortar. Coloque una mitad de lomo en el centro, perpendicular a las cuerdas. Corta el lomo a lo largo, tres cuartos del camino, para que puedas abrir la carne como un libro; Luego, trabajando desde el centro hacia afuera, corte cada mitad a lo largo nuevamente, tres cuartos del camino, abriendo la carne hacia afuera, de modo que el lomo dividido consta de 4 paneles adjuntos. Extienda la

mitad del relleno de pan rallado por la superficie superior de la carne, dejando un borde de 1 pulgada. Luego, comenzando por el extremo corto, enrolle la carne en su forma original con el relleno ahora adentro. Coloque la mitad de las rodajas de panceta en un patrón superpuesto en la parte superior, luego asegúrelas con un cordel.

Transfiera la carne a una asadera grande.

7. Inserte un termómetro para carnes en el centro del lomo relleno y ase en el horno hasta que el termómetro marque 130 ° F (medio crudo), aproximadamente 25 minutos. Transfiera a una superficie de trabajo y cúbralo con papel de aluminio.

8. Vierta los jugos de la sartén en la sartén reservada, agregue los champiñones, sazone con sal y pimienta y cocine a fuego medio hasta que se doren, aproximadamente 10 minutos.

Agregue el oporto y continúe cocinando durante 1 minuto.

9. Corte el lomo en rodajas (después de que la carne haya reposado unos 10 minutos) y vierta la salsa de champiñones encima.

Lightning Source UK Ltd.
Milton Keynes UK
UKHW020723270521
384465UK00005B/71